Einfache Anwendungen zur Erdheilung

Das Praxisbuch

(reichlich bebildert und einfach erklärt)

von

Johannes Allgäuer

Impressum:
Herstellung und Verlag: BoD - Books on Demand, Norderstedt
ISBN: 978-3-7386-5267-3
1.Auflage 2015

Lieber Leser,

Ich erkläre und zeige euch hier in diesem Buch, wie einfach sich Erdheilung auf verschiedene Art und Weise realisieren lässt.

Ich habe es so konzipiert, dass alles nachvollziehbar ist und von jedermann gemacht werden kann.

Ich habe die erklärenden Bilder bewusst in schwarz-weiß umgewandelt, damit ich einerseits viele davon zur Erklärung unterbringen kann und es andererseits auch finanziell zum günstigen Preis zu realisieren ist.

Viel Freude bei den Erdheilungsaktivitäten!

Liebe Grüße, Johannes

Inhaltsverzeichnis:

Herzformen für die Erdheilung............3

Ypsilon für die Erdheilung 23

Das Sonnensymbol in der Erdheilung 29

Pyramiden-Energie zur Erdheilung 33

Liegende Acht Erdheilung 46

Magnete zur Erdheilung 48

Erdheilung mit Hilfe von Ozonenergien 50

Wasser in der Natur zur Erdheilung 52

Steine bei der Erdheilung 69

Erdheilung zusammen mit Naturwesen und Orbs 77

Bäume reinigen bei der Erdheilung 84

Rohre für die Erdheilung 92

Hilfsmittel für die Erdheilung 96

Eine Auswahl weiterer Bücher von J

Johannes Allgäuer...........................99

Herzformen für die Erdheilung

Alle Zeichen und Symbole haben eine Energieform.

Widmen wir uns zuerst der Herzform.

Sie symbolisiert nicht nur das Herz, sondern sie strahlt auch Herzensenergie aus.

Hier das erste Beispiel:

Dieses Herz ist aus Glas und etwa 2x 2 cm groß und natürlich in Rot. Es symbolisiert das Herz und verbreitet die Herzensenergie.

Nun, wenn ihr damit Erdheilung zelebrieren wollt, so nehmt diesen Stein in die Hand und legt ihn in eine Wasserkaraffe / Wasserkübel oder gar eine Regenwassertonne. Natürlich könnt ihr auch Bäche / Seen / Flüsse, ja sogar Meere damit bestücken.

Aber auch in die Erde einbuddeln, in den Sand legen, an einem Baum vergraben, in einen Baum legen, ihn in die Regenrinne legen, in den Gully werfen und vieles mehr...

Der Herzstein wirkt schon alleine durch seine Form.

Ist doch faszinierend, oder?

Wenn ihr die Schwingung aber erhöhen möchtet, so könnt ihr dieses ganz einfach machen. Wer meine Bücher kennt, kann sich jetzt schon vorstellen, worauf ich jetzt hinaus möchte:

Ihr nehmt den Stein in die Hände und sagt: JESUS CHRISTUS IST SIEGER!" und schon fließt die Heilenergie von Jesus Christus hinein und durchflutet den Stein damit.

Wer skeptisch ist oder es nicht glauben kann, sollte es einmal ausprobieren. Selbst nicht so feinfühlige Menschen spüren, was sich jetzt tut.

Das vorherige Bild ist auch mit der „JESUS CHRISTUS IST SIEGER" Schwingung aufgeladen.

Nun, ich möchte euch noch weitere einfache Möglichkeiten präsentieren, wie ihr die Herzensenergie benutzen könnt:

Ich habe ganz einfache Glasnuggets, also Glassteine, die es als Deko-Zubehör zu kaufen gibt, als Herz gelegt. Die unterschiedlichen Größen stören nicht, nur sollte das Herz geschlossen sein, das heißt, die Steinchen sollten dicht an dicht legen. Es muss auch nicht akkurat sein, sondern nur ein Herz symbolisieren.

Ihr könnt auf diese Weise z.B. euer Wasser mit der Herzensenergie aufladen. Ob es jetzt zum Trinken, für die Blumen, die Tiere oder auch für die Natur ist (siehe oben beschrieben, wo man es überall ins Wasser geben kann...)

Es gibt sehr viele Möglichkeiten, damit Erdheilung und dadurch Gutes zu tun...

Wenn ihr z.B. von dem Herzensenergie-Wasser etwas in eure Gießkanne gebt, so wandelt sich alles Wasser in der Kanne zu Herzenswasser um und ihr könnt es in der Natur verteilen...

So, hier seht ihr, wie ich die Wasserkaraffe mit normalem Leitungswasser gefüllt, in das Herz aus Glassteinen gestellt habe. Nun wird das Wasser mit der Herzensenergie aufgeladen.

Wer jetzt die Schwingung „JESUS CHRISTUS IST SIEGER" noch hinzu gibt, erhöht die Schwingung jetzt natürlich wieder um das Vielfache!

Kommen wir zur nächsten einfachen Möglichkeit, eine Herzensenergie zu versenden:

Ich bin ja Kunstmaler und habe mal mein inneres Kind malen lassen und auf eine Leinwand neun Herzen in verschieden großer Farbe gemalt und den Hintergrund hellblau gemacht.

Jedes Herz wurde mit einer bestimmten Energieform aufgeladen. Dabei reicht es, wenn ihr an diese Energie denkt und hinterher einmal mindestens „JESUS CHRISTUS IST SIEGER" sagt...

„Allumfassende Liebe – sauberes Wasser – Reinigung des Himmels (von chemischen Verschmutzungen, auch Chemtrails genannt) – gesunde Nahrung – Frieden im Herzen – Gesundheit – Erdheilung – Reinigung und Entgiftung der Natur – GOTTVATER heilt"

Dieses Bild an die Wand gehängt oder auch aufgestellt, sendet permanent positive Energien zur Erdheilung... (kann auch von euch ausgedruckt werden)

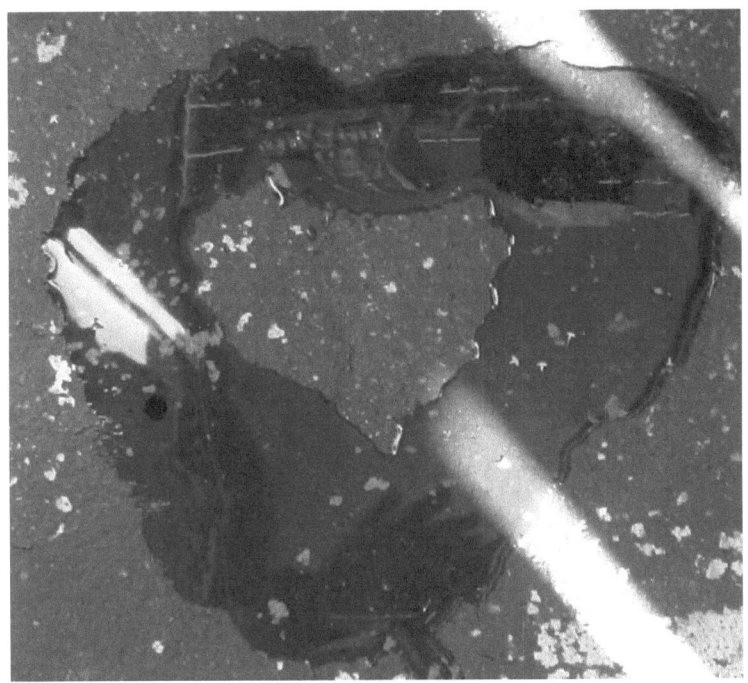

Essig ist ein gutes Mittel, um die Luft zu reinigen von chemischen Mitteln, die durch die Chemtrails versprüht werden.

Ich habe hier auf Betonboden aus der Essigflasche heraus, ein Herz geschüttet. Es muss auch nicht optimal sein, so wie ich es eben gemacht habe, reicht es völlig aus!

Es wirkt und wirkt und wirkt. Selbst wenn es eingetrocknet und nicht mehr sichtbar ist, funktioniert es immer noch feinstofflich!

Das ist ideal auch auf Straßen, Bürgersteigen, oder so wie bei uns hier, auf dem Balkon erstellt.

Dieses Herz hier habe ich aus Sägespänen gestreut...

Es sollte mindestens 15 Minuten liegen, dann wirkt diese Herzensenergie schon. Auch wenn ein starker Wind aufkommt oder es regnet oder schneit: Die Herzensenergie bleibt!

Natürlich könnt ihr auch Sand oder Erde nehmen...

Da bleibt es euch offen, sich kreativ auszutoben...

Ideal funktioniert es auch auf dem Rasen (nur beim Rasen mähen vorher die Steine entfernen, sonst knirscht es eventuell beim Mähen...)

Im Garten haben wir eine Kiefer und dementsprechend auch Kiefernzapfen...

Dieses Herz habe ich aus ihnen gelegt...

Ihr seht, es ist sehr einfach Erdheilung auch im Freien zu betreiben...

Zapfen liegen in den Wäldern überall herum. Ihr könnt auch jeden Stein nehmen, den ihr findet.

Das ist dann praktisch, wenn ihr unterwegs seid...

Wer zuhause etwas machen möchte, kann es auch folgendermaßen kreieren...

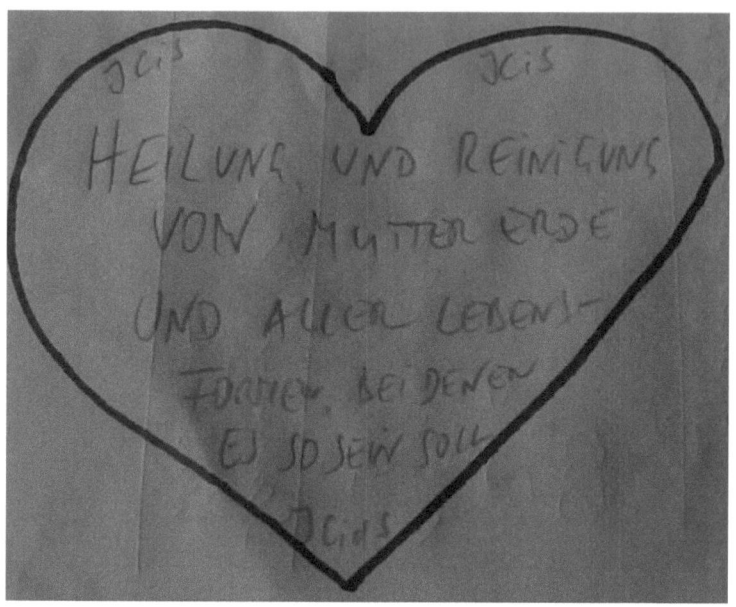

Ich habe einfach auf einen Zettel ein Herz gemalt (darauf achten, dass es geschlossen ist) und dann den Text hinein geschrieben, der mir dazu gefiel:

„Heilung und Reinigung von Mutter Erde und aller Lebensformen, bei denen es so sein soll) Danach dreimal JCiS (JESUS CHRISTUS IST SIEGER).

Jetzt fließt die Energie zu allen Lebensformen, die dafür offen sind.

Ihr könnt auch hier euer Wasser draufstellen, oder eure Wasserkanne oder es einschweißen und dann z.B. es unter die Regentonne legen, damit das Regenwasser ständig damit informiert wird...

Ich habe es auch schon eingeschweißt und dann draußen auf dem Grundstück in die Erde gesteckt. Ist ideal auch für Gewächshäuser, euer Auto, Gartenhaus etc...

Da sind eurer Kreativität keine Grenzen gesetzt!

So eine Herztasse mit aufgeprägten Herzen sendet auch ununterbrochen Herzensenergie an die eingefüllte Flüssigkeit. So kann Kaffee entstört werden und für den Körper und das Herz bekömmlicher gemacht werden, um nur ein Beispiel zu verwenden.

Natürlich könnt ihr auch das Herz in den Himmel malen. Probiert es mal aus, wenn wieder gesprüht wird wie die Kesselflicker...

Malt Herzen auf alle Sprühflieger und auf die „Chemie-Cocktail-Spray-Brühe", die da hinten rauskommt...

Achtet mal darauf, was dann passiert...

Es gibt auch Silikon-Backformen in Herzensform.

Die könnt ihr mit Kerzenwachs füllen, oder auch mit anderen Dingen, die fest werden. Natürlich könnt ihr sie auch zum Kuchen / Plätzchen / Muffins backen nehmen, denn die gute Energie führt ihr euch dann selber zu...

Ich möchte es auch mal mit Kleister probieren. Vor ein paar Jahren hatte ich welche aus Polyesterharz mit ein paar Aluminiumspäne erstellt. Diese kann man so in die Natur legen und damit Erdheilung betreiben...

Wenn ihr jetzt, falls ihr ein Gewächshaus habt (oder Beete im Garten), an jede Ecke dort ein Herz positioniert, so bündelt ihr diese Herzensenergie dort und fixiert sie in der Mitte.

Eben gerade aus unserem Gewächshaus geholt: Bio Tomaten und zwei Chilis. In der Alubackform in Form eines Herzens wird das Obst und Gemüse gleich aufgeladen. Mehrfache Nutzung sozusagen...

Eine wundervolle Idee ist es auch, Herzen dorthin zu malen, wo sie hinterher nicht mehr zu sehen sind:

Z.B. in den beschlagenen Spiegel, aber auch auf die Scheiben von Autos, wenn sie beschlagen sind. Hier hab ich gerade den beschlagenen Badezimmerspiegel mit einem Herz und „JCiS" bestückt. Es wirkt und bleibt (die Energie!)

Wer möchte, kann im Winter auch Herzen in den Schnee malen. Hat eine schier unglaubliche Wirkung, wenn ihr noch dazu „JESUS CHRISTUS IST SIEGER!" dazu gebt.

Es reicht schon, wenn wenig Schnee gefallen ist...

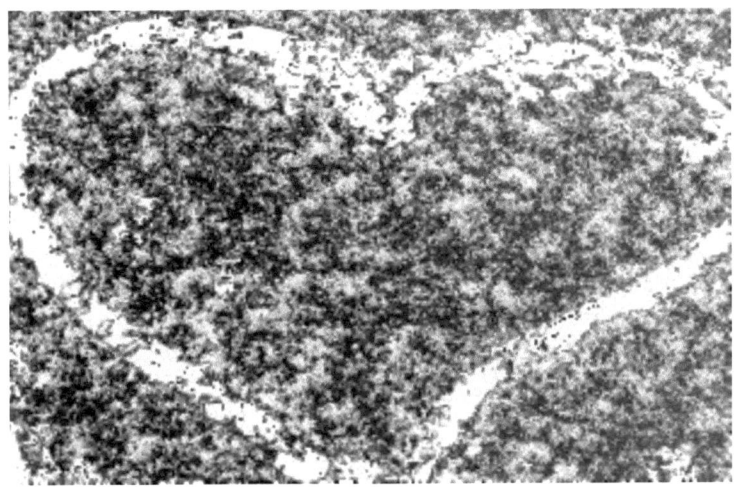

Um euch noch ein paar wundervolle Herz Erdheilungen vorzustellen:

Teelichter in Herzform gelegt!

Sie können für den Frieden genutzt werden und auch für die Heilung. Selbstverständlich kann auch etwas in sie hineingestellt werden zur Energetisierung. Hier hilft der Satz „JESUS CHRISTUS IST SIEGER!" besonders stark und intensiv!

Diese Pappschachtel mit Rosen drauf und natürlich in roter Farbe gehalten, ist eine ideale Möglichkeit, auch Erdheilung zu betreiben. Bittet um den Segen mit JESUS CHRISTUS IST SIEGER und ihr könnt sie mit Dingen füllen, die ihr später zur Erdheilung benutzt. Beispielsweise Teelichter oder auch Tannenzapfen, die ihr in der Kiste aufladen könnt und sie dann in die Natur verteilen oder auch in Gewässer. Feinstofflich wird alles gereinigt. Es funktionieren Blechdosen in Herzform genauso gut oder auch Aufbewahrungsschatullen (siehe die nächsten beiden Bilder)

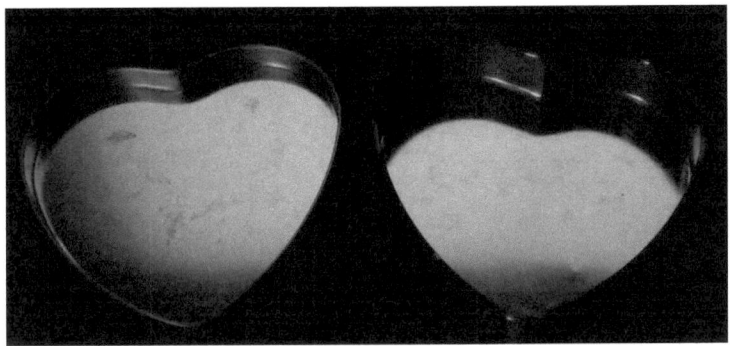

Etwas Besonderes stellt der Herz-Teelichthalter dar. Er strahlt die Herzenswärme sehr innig aus.

Kommen wir zum Garten:

Ich habe dort an einer freien Stelle (zwischen zwei Zwetschgen Bäume ein Herz aus Steinen gelegt, die bei uns am Grundstück zu finden waren.

Schaut euch das Bild an:

Das könnt ihr genauso! Man kann das Herz jetzt um einen Baum / Pflanze legen, oder wie ich gemacht habe – einfach dazwischen.

Ihr seht, ganz einfach!

Ich hab dann noch (wie ich das immer mache) JESUS CHRISTUS IST SIEGER! dazugegeben. Es strahlt sehr stark aus!

Ja, und auch Auto und Wohnwagenscheiben eignen sich hervorragend zur Erdheilung.

Wie das geht?

Ganz einfach:

Ihr malt mit einer Flüssigkeit mit eurem Finger ein Herz darauf und schreibt in dieses Herz „JCiS" hinein. Das ist alles! Die

Energieform bleibt als Schutz fürs Fahrzeug und als Erdheilungsenergie, die in die Natur abstrahlt.

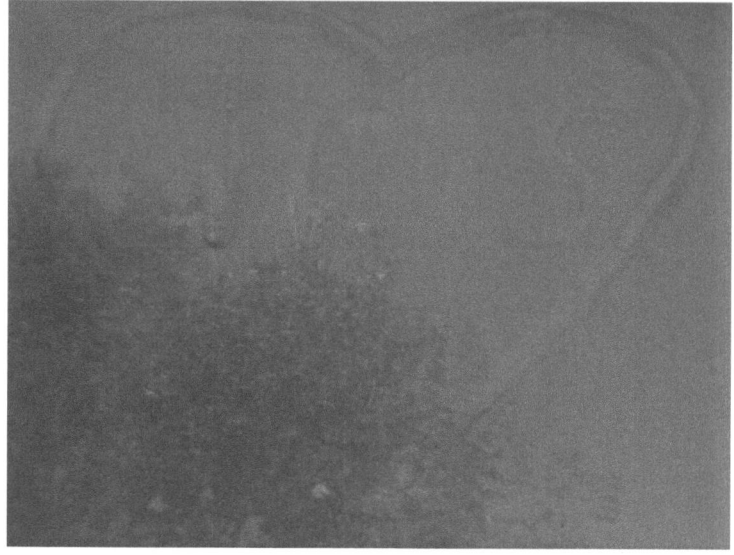

Der Baum spiegelte sich leider im Bild. JCiS = JESUS CHRISTUS IST SIEGER!" wird so in die Welt hinaus gestrahlt.

Damit wollen wir das Thema Erdheilung mit der Herzensenergie erst einmal belassen. Ihr seht, dass vieles möglich ist, wenn man nachdenkt und auch die Augen offen lässt, um etwas zu finden. Secondhandläden, Flohmärkte und 1 Euro Shops sind da wahre Fundgruben, genauso wie Wertstoffhöfe, die oftmals bestimmte abgetrennte Ecken haben, wo die Leute Dinge hinstellen dürfen, damit sie andere Menschen mitnehmen können. Das ist bei uns im Allgäu so üblich und ich denke, in anderen Gegenden Deutschlands auch.

Ypsilon Erdheilungs-Energie

Nach den vielen Möglichkeiten mit der Herzens-Erdheilungs-Energie, wird das Kapitel mit der Ypsilon Energie kleiner werden.

Zuerst möchte ich euch eines meiner Bilder (hier in s/w) zeigen, welches die Heilungsenergie eines Ypsilon zeigt.

Wichtig ist, dass der untere Balken länger ist, als die beiden oberen.

Ihr könnt euch auch so hinstellen, wie es unsere Freundin zeigt:

Auf diese Weise fügt ihr euch positive Heilungsenergien zu und gleichzeitig sendet ihr Ypsilon Erdheilungsenergien in die Welt hinaus.

Dieses Ypsilon wurde gehäkelt (!!!) aus drei Teilen und dann zusammen genäht.

Ich habe es mit Reißzwecken an die Wand geheftet und es strahlt super aus! Mit „JCiS" als Verstärkung ist es noch stärker! Es strahlt nicht nur im Raum /Haus aus, sondern geht feinstofflich in die Welt hinaus!

Ihr könnt auch einfach ein Ypsilon aufmalen (wie gesagt, der untere Strich sollte länger sein) und dieses dann in die Natur geben, an euren PC / Laptop anbringen (oder mit einem Stift draufmalen), euer Bett damit bestücken (z.b. am Bein oder Seitenteil des Bettes).

Ich gebe es auch immer an oder ins Auto. Ich hab mal im 1 Euro Laden in der Kruschtelkiste so´n Teil als Anhänger für sage und schreibe 10 cent bekommen...

Voll krass! Ich hatte mich sehr gefreut!

Ideal ist es, morgens nach dem Aufstehen sich erst einmal so mit Ypsilon Streckung aufzustellen und dann fließt in euren Körper Heilenergie und gleichzeitig auch hinaus in die Welt.

Wie einfach es ist, im Garten die Ypsilon Energie zu verbreiten, seht ihr im nächsten Bild.

Ich hatte das Ypsilon gelegt, als der Rasen gemäht war und es gelassen, bis das nächste Mal zu mähen war. Ich mähe nicht so oft, denn das ist eine Arbeit, die ich nicht so gerne mache (kennen wahrscheinlich auch einige von euch). Außerdem freuen sich die Bienen, Wespen usw. da bei uns im Rasen auch Löwenzahn, roter Klee etc. wächst und die Tiere sich freuen, wenn es da etwas zum Holen gibt. Also nichts mit „englischem Rasen" bei uns...

Ich hab es so gelegt, dass es 3x 9 Steine sind, aber der untere „Balken" etwas länger als die beiden oberen ist.

Ihr könnt außerdem auch folgende coole Dinge machen:

Wer gerade am Renovieren oder tüfteln ist, der kann mit Farbe (oder auch nur mit Wasser) überall Ypsilons hinmalen. Es trocknet und man sieht es nicht mehr.

Wenn ihr mit Holz heizt, so wie wir, könnt ihr auch jedes Stück Holz mit Erdheilungsenergie aufladen. Entweder ihr malt mit dem Finger ein Ypsilon drauf, ein Herz oder ein anderes Symbol, welche ich euch noch vorstellen werde.

Dann bitte ich noch GOTTVATER um den Segen, dass das Holz optimal und sauber verbrennt und das, was dann aus dem Schornstein kommt, durch diese Schwingungen noch als Erdheilung funktionieren und auch die Luft reinigen kann (z.b. von Chemtrails).

Eure Haustüre könnt ihr auch mit dem Ypsilon schützen. Malt mit Wasser das Ypsilon auf die Türe (das trocknet ja wieder unsichtbar) und bittet GOTTVATER um Hilfe. „JCiS" dazu geben und ihr werdet euch wundern!

Stellt euch auf den Balkon, die Terrasse, den Garten oder wo auch immer (in freier Natur) und richtet euch zum Ypsilon aus.

Ich atme dann immer bewusst und tief durch die Nase ein und sage im Geiste dabei: „JESUS CHRISTUS IST SIEGER!" Beim Ausatmen sende ich die „JCiS" Schwingung hinaus in die Welt und bitte darum, dass die Frequenzen, die alles Negative wandeln können, mit in die Welt gepustet werden. Wenn ihr dieses mehrmals hintereinander macht, werdet ihr feststellen, dass sich in eurem Leben einiges zum Positiven hin, ändert und ihr leistet auch einfache Art und Weise Erdheilung.

Ja, es gibt noch viele Möglichkeiten, die Ypsilon Erdheilungsenergie zu nützen. Seid kreativ und probiert es doch einfach mal aus!

Das Sonnensymbol in der Erdheilung:

Ja, das nächste Symbol, das ich euch dazu empfehlen möchte, ist das Sonnensymbol.

Ich habe dieses Sonnensymbol mit Bergkristallsteinen gelegt.

Da ich in meinem Leben die Neuner Schwingung habe, beschloss ich dieses Erdheilungssymbol in der Neuner-Schwingung zu legen.

Es sind 9 Strahlen, mit jeweils 9 Steinen.

Der Kreis hat 63 Bergkristallsteine.

Nun, den Beutel mit diesen Bergkristall Stücken hatte ich bei einem großen Gartenbaumarkt für kleines Geld bekommen.

Ich bat GOTTVATER um Reinigung und Segnung dieser Steine und dann legte ich das Erdheilungssymbol.

Ich ließ es einige Zeit liegen (wohl so drei Wochen, bevor ich wieder Rasen mähen musste). Die Energie ist heute noch spürbar (das Symbol legte ich vor ein paar Jahren!!!).

Dieses Symbol habe ich auch noch um eine Pflanze gelegt und sie wuchs und wuchs und wuchs...

Optimale Erdheilung, wie ich finde!

Es wirkt!

Ihr könnt auch die Symbole mit dem Finger auf alle möglichen Dinge malen und dann wirkt es als Erdheilungssymbol. Ideal ist es auf die Ortseingang und Ortsausgangschilder mit

Wasser und dem bloßen Finger draufzumalen. Es trocknet sehr schnell und niemand sieht es!

Das Symbol um einen Baum zu legen, erhöht die Schwingung des Baumes und benutzt ihn, um starke Erdheilung auszustrahlen!

Kinder malen doch gerne! Lasst eure Kinder / Enkelkinder doch mal eine Sonne malen!

Sagt ihnen, sie sollten neun Strahlen malen!

(Sie können auch der Sonne ein Gesicht malen, dann ist sie „Schwester Sonne", wie es die Indianer manchmal tun.)

Ich habe die Sonne mit dem inneren Kind gemalt. Ihr seht, es funktioniert ganz einfach!

Ich habe natürlich auch die „JCiS" Schwingung hineingegeben.

Aber es ist sooooo einfach, Erdheilung zu gestalten.

Der VATER sagte, „werdet wieder wie die Kinder...".

Und das machen wir auch bei den Erdheilungs-Übungen.

Je einfacher, je besser!

Alles was kompliziert geht, geht auch einfach!

Jedes Foto strahlt fast die gleiche Frequenz (feinstofflich) aus, wie das Original.

Das heißt, ihr könnt alles zum Positiven nutzen, im Sinn dessen, was erlaubt ist.

Wir nutzen die Sonne (wenn sie scheint) auch zur Erdheilung.

Wie? Nun, ganz einfach:

Schaut sie an und verbindet euch geistig mit ihr und sagt dann:

„Liebe Schwester Sonne, wir danken dir für deine Wärme und positiven Energien, die du uns zukommen lasst und das deine Wärme jetzt unseren Körper durchflutet mit allen positiven Energien und außerdem der Natur hilft. Wir bitten dich jetzt, uns bei der Erdheilung zu helfen und all deine Energie, die du erübrigen kannst, dafür weltweit immer zu nutzen. Danke schön, liebe Schwester Sonne! Wir lieben dich und deine Energien."

Es klappt! Probiert es aus!

Pyramiden Energie zur Erdheilung:

Diese Pyramide haben wir selber gebaut. Sie ist 90 cm hoch und wurde aus mehreren OSB Platten hergestellt.

Aufgestellt, wirkt sie schon nach wenigen Minuten als Erdheilungsunterstützungshilfe.

Wenn du jetzt sagst: Wie komme ich denn zu einer Pyramide?

Nun, du kannst sie kaufen oder selber bauen.

Gut, du sagst jetzt, dass du es dir handwerklich nicht zutraust.

Ok, aus Holz ist es nicht so einfach, aber aus Pappe?

Ganz leicht!

Schau mal, wie ich es gemacht habe:

Ich habe eine Form gewählt, die mir gefiel.

Ich habe sie aufgemalt und ausgeschnitten. Dann hab ich diese Schablone dreimal kopiert und schon hab ich vier gleiche Teile.

9 cm hoch und 9 cm breit.

Hier seht ihr, wie ich es dann einfach von innen und außen mit Panzertape zusammen geklebt habe.

Sie ist absichtlich nicht perfekt von mir gestaltet worden, um auch diejenigen von euch zu motivieren, es auch zu tun, da es auch klappt, wenn es eben nicht „tiptop" ist.

Richtet Pyramiden mit der Spitze oder einer Seite nach Norden aus.

Pyramiden bauen ein Energiefeld auf, wenn sie so stehen bleiben, wie sie stehen, wenn sie ausgerichtet sind.

Ideal ist ein Platz, auf dem sie stehen kann, ohne hin und wieder verändert zu werden.

Wenn ihr jetzt sagt: „Ja, was ist denn mit Staubputzen?"

Nun, ich puste ihn regelmäßig vorsichtig weg. Staub macht der Energie übrigens nichts.

Ich dachte dann, dass ich doch auch die vielen Pyramiden der Welt auch zur Erdheilung nutzen könnte, gell?

In den nächsten Tagen hatte ich dann Träume dazu und Eingebungen.

Die drei großen Pyramiden in Ägypten kann man sehr gut dazu nutzen. Ich war so frei und habe diese Aufgabe schon übernommen.

Ich habe dann eine Pyra entwickelt und verkleinert, die genau die Maße der Cheops Pyramide haben. Dann entstand diese Kollage (als Kunstmaler war das mal was anderes und hat sehr viel Spaß gemacht!)

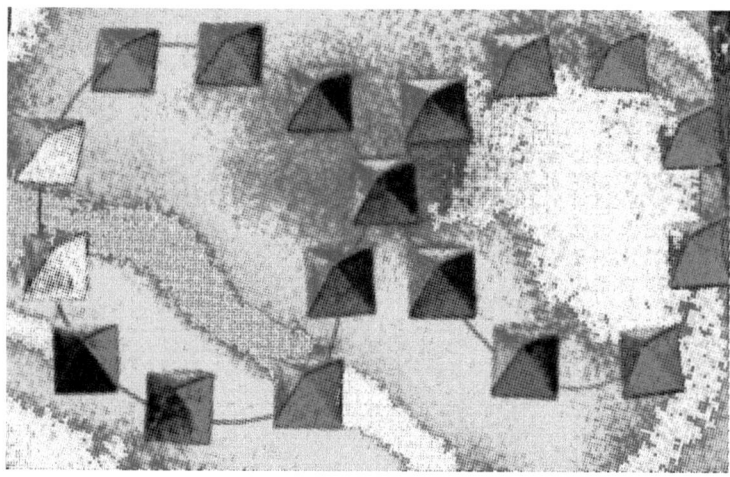

Selbstredend wieder meine 9er Schwingung... 18 Pyras und die liegende Acht... (Die kommt auch noch als Kapitel, da man damit auch wundervolle Erdheilung machen kann)

So, dass ist eine Pyramidenlampe (einmal mit Kerze die leuchtete und einmal ohne). Wunderbare Möglichkeit, um Erdheilung zu betreiben. Diese schöne Pyramide bekamen wir in einem großen deutschen Discounter.

Wenn ihr jetzt die Pyra und die Kerze noch mit „JCiS" energetisiert, wird alles noch viel intensiver sein!

Die nächste Pyramide ist aus geschliffenem Glas und war auch relativ günstig zu erwerben. Sie ausgerichtet powert richtig stark!

Ihr seht, es gibt viele schöne Möglichkeiten zur Erdheilung.

Selbstverständlich kann man diese auch draußen oder auf der Terrasse / Balkon aufstellen. Sie sollte aber so stehen, dass Regen und Wind sie nicht bewegen können.

Da ich aber immer was Besonderes bauen möchte, hatte ich mir überlegt, eine 2,70 Meter hohe Pyramide zu bauen. Nun, ich ließ mir Holzlatten im richtigen Winkel zuschneiden und dann entstand dieses wunderbare Exemplar! Wer sensitiv und fühlig ist, müsste sofort die hohe Energie dieser großen Pyramide erspüren, denn sie steht schon fast 10 Jahre da, ohne dass sie berührt worden ist. Wenn ich Lust habe auf hohe Pyramidenenergie, stelle ich mich drunter und tanke (oder werde „geduscht") mit heilsamer Pyramidenenergie. Gleichzeitig powert sie natürlich Erdheilungsenergien in die Welt hinaus (feinstofflich durch das geschlossene Dach).

In der Mitte habe ich noch einen Chembuster mit vielen Edelsteinen und einem Kupferrohr stehen, was die Energie noch erweitert. Zu den Rohren komme ich später.)

Auch in vielen Städten stehen Pyramiden herum.

Hier zeige ich euch ein paar Fotos, die ich gemacht habe und diese Pyramiden habe ich auch mit Erlaubnis vom VATER gereinigt, energetisiert und der Schwingung „JCiS" aufgeladen und sie helfen jetzt bei der Erdheilung mit.

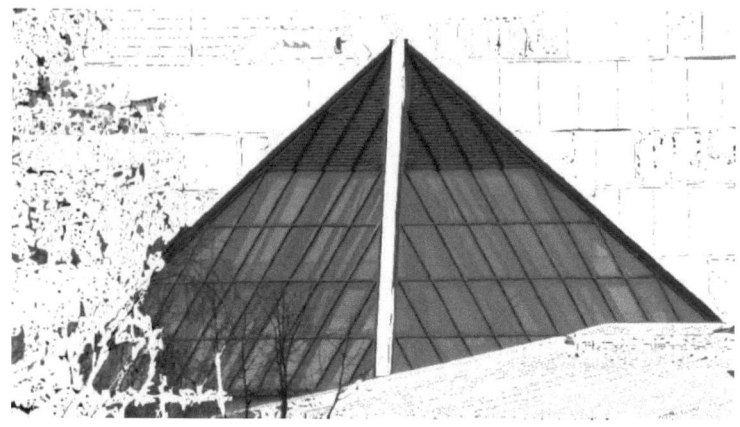

Ich hab den Rest um die Pyra unkenntlich gemacht, damit man die Pyra besser sieht. Die Menschen, die da vor Ort waren, sahen sie gar nicht oder nahmen die gar nicht wahr, obwohl sie recht groß ist...

Auch diese Pyra ist wundervoll gearbeitet und hat mich quasi angezogen. Ich wurde beim Spaziergang regelrecht zu ihr hergezogen. Was für ein „Zufall"... Ich hatte meine Digicam dabei und konnte gleich ein nettes Foto machen. Ich stellte mich dann drunter und testete zuerst die Energien. Dann setzte ich mich auf eine der beiden Bänke und fing dann an zu entstören, zu reinigen und im Gebet zu energetisieren und aufzuladen.

Diese sehr spitze Pyramide fand eine gute Freundin von uns und als wir sie vor einigen Monaten besucht hatten, zeigte sie sie mir. Da ich mir mittlerweile angewöhnt hatte, meine Digicam dabei zu haben, konnte ich sie auch fotografieren. Reinigung und Energetisierung fand ebenfalls statt.

Beim Besuch meiner Eltern vor ein paar Jahren, waren wir im Rahmen des Geocaching mit der Verwandtschaft unterwegs. Dabei entdeckte ich diese wunderbare Pyramide über einem Brunnen. Geniale Idee! Auch sie wurde mit Erdheilungs- energien bestückt...

Zum Thema Geocaching: Mein Sohn, mein Bruder, mein Neffe und mein Schwager sind davon total begeistert und auch ich habe mich von den Vorzügen der „Schnitzeljagd per GPS" anstecken lassen.

Der Grund? Nun, das innere Kind leben (Abenteuer und Action) und die Möglichkeit, Erdheilung zu betreiben. Ich stecke dort überall aufgeladene Erdheilungsstäbe in die Erde, die mithelfen, Gutes zu tun. Zur Aufladung der Stäbe komme ich im späteren Teil des Buches.

Es gibt bestimmt noch viele, viele andere Möglichkeiten, Erdheilung zu betreiben und in diesem Buch kann ich nur die Auswahl euch erklären, die wir selber benutzen und die vor allem von euch allen nachvollzogen und auch ausgeführt werden können.

Hier seht ihr einmal eine Pyramide aus Holz, die ich nur noch danach silbern anmalte. Ich bekam sie vor ein paar Jahren als Geburtstagsgeschenk. Da es sich in meinem Freundeskreis rumgesprochen hatte, dass ich Pyras liebe und auch sammle (solange es im Rahmen bleibt, wohlbemerkt), bekam ich diese fachmännisch handgearbeitete Pyra und war dementsprechend begeistert!

Diese hier ist mit der Spitze nach Norden ausgerichtet. Ihr seht schon, es ist alles möglich. Ein weiteres Geschenk war diese offene Pyramide, die ich ein Jahr später bekam und handwerkliche Schreinerarbeit eines Freundes war. Sie hat auch eine Plattform eingebaut bekommen (1/3 Höhe von oben), wo die Energie noch stärker ist und man damit noch verstärkter arbeiten kann...

Ein Traum, diese Pyra!

Wer jetzt möchte, kann auch Pi mal Daumen, also frei Schnauze sozusagen, ein Pyra Bild malen.

Ich habe es bei meiner Lieblingspyramide der Mayas gemacht. Es bekam durch das Malen und das dran denken und sich in der Schwingung befinden, die Energie der Pyramide. Das heißt, ihr könnt die Energie dieser Pyra über mein Bild spüren. Faszinierend, gell?

Viel Freude beim Testen!

Wisst ihr, was das ist? Ein altes Hügelgrab oder so... Energie ist volle Pulle intensiv und ich durfte es reinigen. Pyra pur!

Liegende Acht Erdheilungen:

Ich hatte es eben ja schon angedeutet: Die liegende Acht.

Ich hörte von „oben" über die liegende Acht, dass alles möglich ist, was von „oben" zugelassen wird, im Rahmen des eigenen Lebensplanes. Jeder Mensch hat ja einen Lebensplan und innerhalb dessen, kann man mit der liegenden Acht viel Gutes tun.

Mein Original Gemälde ist in den Regenbogenfarben gemalt worden. Wichtig ist, dass ihr es mit der richtigen Schwingung und Energie malt oder legt.

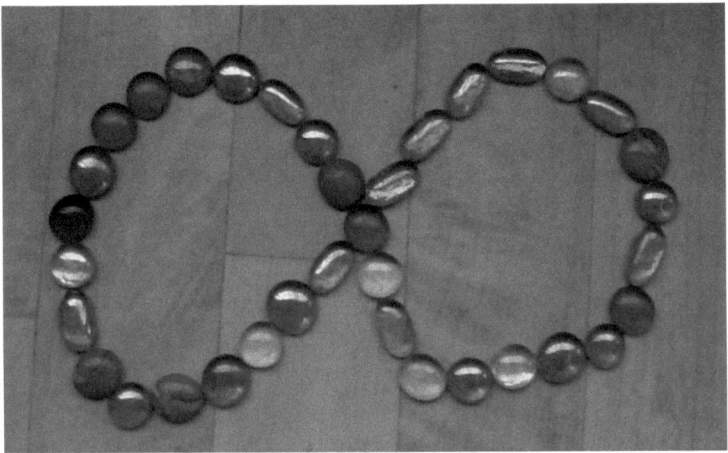

Diese liegende Acht habe ich gerade eben „Pi mal Daumen", also nicht akkurat gelegt und sie wirkt schon! Ich habe sie mit „JCiS" verstärkt und es ist eine wundervolle Erdheilungsschwingung vom Feinsten!

Legt es doch draußen z.B. im Garten, im Park, dort wo Steine tonnenweise rumliegen wie an Ufern von Bächen, Flüssen, Meeren etc. Natürlich könnt ihr sie auch überall aufmalen.

Bei schneebedeckten Autoscheiben, oder wenn sie durch Tau oder Regen feucht sind, in den Sand malen, mit Stöckchen in die Erde, mit dem Finger auf nassen Straßenschildern, in die Pfützen mit dem Finger oder einem Stock...

Ihr seht, es gibt viele Möglichkeiten, dieses zu vollziehen...

Versucht es einfach, es ist ganz klasse!!!

Magnete zur Erdheilung

Meine lieben Leser, hier seht ihr in absichtlicher Großaufnahme eine Wasserkaraffe, die ich auf einen großen

Neodym-Magneten gesetzt habe. Dieser Neodym-Magnet ist dermaßen stark, dass ich ihn einmal in der Hand hielt und ich einen zweiten Magneten in der Verpackung (!!!) auf dem Tisch liegend (er war für eine Bekannte mitbestellt worden), welcher etwa 1 Meter weg war und sich in Sekundenschnelle auf den Magneten zu bewegte, welcher in meiner Hand war. Leider war ein Finger meiner Hand im Weg und er quetschte diesen besagten Finger derart heftig ein, dass ich mit einer Hand ihn nicht von dem anderen Magneten lösen konnte. Erst als meine Frau auf mein Rufen hin, mit zupackte, konnten wir diesen Magneten lösen. Zum Glück nahm ich geistesgegenwärtig sofort den gequetschten Finger in die Handfläche der anderen Hand und bat den VATER um Heilenergie. Sie floss sofort. Zusätzlich kühlte ich die Hand unter dem Wasserhahn.

Warum ich euch diese Geschichte erzähle, liegt daran, dass ich euch sagen wollte, wie gefährlich sehr starke Magneten sein können. Aber auch sehr faszinierend, denn mit ihnen kann man wundervolle Erdheilung betreiben. Zum einen, durch das Aufladen des Wassers, um es zu trinken oder zum anderen, der Natur damit Gutes zu tun.

Ihr könnt mit Magneten auch Herzen oder Kreise, liegende Achten etc. legen.

Unterschätzt Magneten und ihre positiven Energien und Eigenschaften nicht, liebe Leser!

Erdheilung mithilfe von Ozonenergien:

Dieses Thema ist sehr spannend und auch relativ leicht nachzuvollziehen: Das Einzige, was ihr dazu benötigt, ist ein

Ozongerät. Diese gibt es schon für relativ kleines Geld zu kaufen.

Auf dem Bild seht ihr ein Glas mit Wasser, in dem über ein Ozongerät und einem Schlauch, dieses Ozon in das Glas mit Wasser gegeben wird.

Wer jetzt kein Ozongerät hat, sich keins leisten kann oder sich nicht extra eins kaufen möchte, kann hier improvisieren:

Solltet ihr jemanden kennen, der solch ein Gerät hat, bittet ihn, euch etwas Öl zu ozonisieren. Beim Wasser verfliegt die Ozonenergie, wenn das Wasser offen steht. Öl bindet aber die 03 Energie des Ozons, sodass es dann reicht, wenn ihr einen Tropfen des ozonisierten Öls in eine Flasche mit Wasser gebt und schüttelt oder rührt. Überall verteilt sich die Ozonenergie in der Flasche.

Dieses Ozonwasser könnt ihr jetzt wunderbar für die Erdheilung nutzen.

Eine Möglichkeit ist, etwas von dem Ozonwasser in die Regentonne, Pfütze vor dem Haus, Bach, Fluss, See in der Nähe etc. geben Da könnt ihr sehr kreativ sein.

Außerdem freut sich euer Körper, wenn ihr regelmäßig ein Glas Ozonwasser trinkt (auch eure Tiere, Pflanzen und Bäume freuen sich darüber).

Nur einatmen solltet ihr nicht zu viel davon. Im Wasser gebunden ist es kein Problem.

So, nach dieser außergewöhnlichen Art kommen wir jetzt zum Thema Wasser in der Natur.

Wasser in der Natur zur Erdheilung:

Liebe Leser, ich habe hier mal stellvertretend diesen Wasserfall eingestellt. Dieses Bild habe ich im Spessart gemacht. Wasser in der freien Natur und auch noch im freien Fall, wie hier, hat die Gabe, Gutes zu tun. Das heißt, ihr könnt dort, wo Wasser sich schnell bewegt, diese Energie für Erdheilung nutzen.

In Bächen oder Flüssen seht ihr oft, wie Wasser sich um Steine oder Hindernisse herumschlängeln muss. Dieses könnt ihr wunderbar auch für die Erdheilung nutzen.

Hier kommen jetzt einige Beispiele, was ihr alles machen könnt:

Ich liebe es, Wasser in der Natur zu fotografieren und dann dort auch gleich Erdheilung zu betreiben. Bei diesem Foto, welches ich geknipst habe, hat mich dieses Motiv fasziniert. Ich habe den Stein mit Erdheilungsenergien bestückt und natürlich „JCiS" mit dem Finger auf den Stein in das Wasser gemalt. Ganz einfach! Könnt ihr auch!

Dieses Motiv hatte mich dermaßen fasziniert, dass ich es zuerst fotografierte und danach erst die Erdheilung initiiert habe. Die Steine als Treppe, wo das Wasser runterfließt und permanent Erdheilung abgibt. Super!

Hier fließt das Wasser wie eine Rinne herunter. Da viel mir gleich ein, dass das Steinbett zuerst aufgeladen werden sollte und dann auch die linke und rechte Seite. Es strahlt da wunderbar!

Hier ist die Steigerung davon! Auch diese „Wasserfall-Stufen-Treppe" ist mit Erdheilungsenergie und natürlich wie alle anderen auch mit „JCiS" aufgeladen!

Hier hab ich die Mauern, die das Wasser etwas stauen, aufgeladen. Zudem faszinierte mich das Reflektieren der

Sonne im Wasser. Hier besteht dreifache Erdheilung: Durch die Sonne, durch die Steine und dann über das Wasser! Das ist doch eine Super Idee – auch für euch, gell?

Dieser Wasserfall ist in unserer Nähe und gerade dort, wo das Wasser schäumt, fließt besonders viel Erdheilungsenergie. Es hat mir unbändigen Spaß gemacht, es zu energetisieren!

Hier noch einmal stellvertretend für die viele tausend kleinen Wasserfälle in Europa, die ihr wunderbar mit der Erdheilungsenergie bestücken könnt. Die Energie bleibt dort verankert, wenn ihr darum bittet!

Solche intensiven Verstrudelungen sind wunderbar zu energetisieren. Einmal die Klippe, über die das Wasser fließt und natürlich auch die Steine, die man von der Seite aus berühren kann.

Wer jetzt sagt: Ich kann das nicht oder traue mich nicht. Hast du kein Hilfsmittel für mich, Johannes?

Das habe ich, in der Tat!

Ich werde euch am Ende des Buches zwei Energie-Pads präsentieren, die ihr euch nur abfotografieren oder ab kopieren braucht. Dann druckt ihr sie euch aus und idealerweise schweißt ihr sie ein.

Ich habe immer in der hinteren Hosentasche mehrere meiner Erdheilungs-Pads dabei, um in der Natur Gutes zu tun.

Jetzt komme ich auf andere europäische Länder zu sprechen:

Ich bin ein großer Schottland Fan und war auch schon ein paar Mal dort. Ideal ist es mit einem Auto, in dem man auch schlafen kann, denn so ist man unabhängig.

Ich werde euch jetzt zwei Bilder zeigen, die ich in Schottland fotografiert habe, wie man in jedem Land Erdheilung betreiben kann.

Interessanterweise, was viele kaum glauben können, gibt es an der Nordküste von Schottland einen weißgelben Sandstrand. Sogar Delfine haben sich dort blicken lassen, denn sie spüren sehr wohl (wie die anderen Tiere auch), wenn ihr Gutes für Mutter Erde leistet. Sie unterstützen uns auch bei der Erdheilung.

Das obere Bild ist wie gesagt im Norden der Highlands und das untere Bild zeigt den Loch Ness mit der Ruine des Urquhart Castle. Ich habe das Bild bewusst ausgesucht, weil ihr hier, so wie ich, auch wieder mehrere „Fliegen mit einer Klappe" schaffen könnt. Zuerst habe ich die alte Burgruine gereinigt. Ich habe folgendes Gebet dafür gesprochen:

„Geliebter VATER, ich bitte Dich jetzt, diese Ruine hier zu reinigen und alle alten Energien, die hier noch hängen bzw. ihr Unwesen treiben, zu reinigen und ins Licht zu schicken. Ich sende jetzt Deine, uns gegebene Erdheilungsenergie, in die Steine der Gebäude hier, damit alles Alte und Negative in positive Energie umgewandelt wird. Danke, danke, danke, Geliebter VATER! Dein Wille geschieht jetzt! Denn JESUS CHRISTUS IST SIEGER! JESUS CHRISTUS IST SIEGER! JESUS CHRISTUS IST DER SIEGER! Amen. Amen. Amen!"

So reinige ich alte Ruinen, Häuser etc. Ihr könnt dieses Gebet auch gerne benutzen, wenn ihr möchtet.

Dann wurde der Loch Ness See gereinigt. Ich hab mir auch eine Wasserprobe genommen (geht sehr gut zum Reinigen) und dann habe ich die Bäume mit Erdheilungsenergie aufgeladen. Zu dem Thema Bäume gibt es ein eigenes Kapitel.

(Nessi ließ sich an diesem Tag leider nicht blicken, zwinker!)

Gerade Kriegsschauplätze und ehemalige Galgenhügel, Henkerplätze, Gefängnisse in Burgen, Schlössern etc. brauchen Reinigung und Erdheilung. Ich werde das Thema hier jetzt mit einfließen lassen, denn es passt gerade in Bezug auf die schottische Burgruine.

In früheren Jahrhunderten waren die Leute oft extrem brutal (obwohl es heutzutage in Kriegsgebieten auch nicht gerade sanft zugeht). Ich habe schon viele Kerker und andere grausame Orte bei Burg- und Schlossbesichtigungen angeschaut und mir liefen meistens Schauer über den Rücken.

Die Reinigung eines Kerkers oder Galgenhügels läuft anders ab.

Ich mache es folgendermaßen:

Zuerst einmal bitte ich GOTTVATER darum, dass ich ganz stark unter seinem Schutzmantel stehe und bitte Ur-Erzengel Michael, mir zu helfen bei dieser Reinigung. Jeder Mensch hat einen freien Willen, dass wisst ihr bestimmt. Nun, wenn ein Mensch stirbt, geht er nicht automatisch „nach oben", sondern die Engel, die ihn abholen dürfen, fragen ihn, ob er mitgehen möchte. Ist er aber voller erdgebundener Anhaftungen, so weigert er sich aber oftmals, mit zu gehen, da ihm meistens gar nicht bewusst ist, dass er gestorben ist (natürlich nur der Körper). Wenn Menschen voller Süchte und Anhaftungen sind, ist auch die Seele dermaßen belastet, dass sie gar nicht wahrhaben will, dass sie plötzlich ohne Körper auf der Erde „rumspukt". Dreimal fragen die Engel die Seele, ob sie mitgehen möchte. Weigert sie sich, wird sie auf Erden belassen. Ihr freier Wille ist immer zu achten, außer es ist Gefahr im Anzug heftigster Art und Weise. Gut: Soviel zum Hintergrund. Also: Bei Pestfriedhöfen, Galgenhügel, Kerkern etc. spuken sehr oft noch Seelen herum. Viele sind mittlerweile zur Erkenntnis gelangt, dass es besser wäre, mit den Engeln zu gehen. Sie wissen aber nicht wie. Hier könnt ihr jetzt helfend ihnen den Weg zeigen.

Haltet euch aber bitte genau daran, was ich euch sage, sonst könnte es gefährlich werden.

Ihr betet wie folgt: „Geliebter VATER, geliebter Michael, ich danke euch dafür, dass jetzt diesen Seelen hier, die bereit sind, ins Licht zu gehen, eine Lichtsäule zu öffnen, damit sie endlich von der irdischen Qual erlöst werden. Ich bitte dich, geliebter Michael, alles zu überwachen, damit alles so abläuft, wie es vom VATER erlaubt und genehmigt ist. Danke, Danke, Danke. Amen. Denn JESUS CHRISTUS IST SIEGER! JESUS CHRISTUS IST SIEGER! JESUS CHRISTUS IST DER SIEGER! Amen. Amen. Amen!"

Dann wird alles geschehen. Spürt einmal in die Atmosphäre hinein. Es wird relativ schnell der Druck und das ungute Gefühl schwinden und eine Ruhe einkehren.

Gleiches erlebte ich auf Friedhöfen und ehemaligen Grabstätten.

Danach dürft ihr die Erdheilungsstäbe, die ich euch noch genauer erkläre, in die Erde stecken. Am Ende des Buches kommen ja, wie gesagt, die Erdheilungpads. Dort legt man einfach die Erdheilungsstäbe drauf. Ich nehme entweder Zahnstocher oder Schaschlik Spieße dafür. Genaueres später.

Eine Freundin von uns bereist gerade jetzt, wo ich dieses Buch schreibe, ehemalige Kriegsgebiete in Kroatien, Serbien usw.

Sie schickt mir Fotos von den Orten, die gereinigt und mit Erdheilung bestückt werden dürfen. Ich mache das dann von hier aus über die Fotos im innigen Gebet.

In Kürze, wenn das Buch erscheint, kann sie es (wie ihr auch) selber machen. Ich hatte schon lange vor, dieses Buch zu erstellen, aber es kam immer wieder etwas dazwischen. Doch jetzt nehme ich mir die Zeit.

Etwas, das auch mit Wasser zu tun hat, sind Teiche. Viele haben schon Gartenteiche gesehen oder so wie ich, schon angelegt. Bei mir war es ein innerer Drang, es zu tun. Meine Eltern hatten damals nichts dagegen und so wurde der erste Teich im Garten meiner Eltern mit Hilfe eines Kumpels von mir, erschaffen.

Das erste Bild zeigt den Teich, nachdem wir ein Loch ausgehoben hatten, die Teichfolie platziert hatten und sie mit

Steinen am Rand und ein paar Pflanzen bestückt hatten. Das untere Bild zeigt, wie die Seerosen gewachsen sind und auch die Bepflanzung des „Ufers" schön angewachsen ist.

Ich habe die Steine und auch den Rest mit Erdheilungsenergie bestückt (über die Erdheilungsstäbe).

Dieses Bild zeigt, als das Wasser gerade erst durch den ersten Regen in den Teich herabgeregnet ist, um zu zeigen, wie einfach es ist, einen Teich anzulegen. Es gibt aber auch fertige Teichbecken aus Kunststoff zum Kaufen...

Das Thema Wasser runde ich mit diesem Bild ab. Ein natürlicher Teich, der von Wasser gespeist wird, welches von einem kleinen Wasserfall dorthin geleitet wird. Ideal für Erdheilung! Na, habt ihr jetzt auch das Verlangen, in eurer Heimat Erdheilung an Bächen, Seen etc. zu betreiben?

Ich würde mich freuen!

Steine bei der Erdheilung:

Jetzt komme ich darauf zu sprechen, wie die Steine bei der Erdheilung euch helfen.

Als wir in Graz waren (auf den Spuren von Jakob Lorber), durften wir auch diese wundervolle Treppe mit schier niemals endenden Stufen hinauf gehen. Ich bat um Reinigung der Treppe und dann bekam sie die Erdheilung liebevoll zugeteilt. Ihr könnt bei euch Steintreppen mit den Erdheilungsstäben bestücken, oder ihr nehmt das Herzsymbol, das Ypsilon-Symbol oder die anderen Möglichkeiten, die ich euch schon gesagt und empfohlen habe. Selbstverständlich könnt ihr die Symbole auch mit Wasser malen. Es bleibt trotz Eintrocknung und Verdunstung vorhanden.

In der Nähe meiner Eltern ist diese wundervolle Steinanhäufung zu sehen. Ich habe sie sofort mit der Erdheilungs-Energie aufgeladen. Spürt ihr es auch?

Steine sind faszinierend!

Schaut mal, was ich an einem großen See liegen sah:

Man kann sich draufsetzen und Brotzeit machen, aber auch einfach nur die Energie der Steine spüren...

Wenn ihr jetzt aber mit dem Finger die Buchstaben „JCiS" auf die Steine malt, ist die Erdheilungsenergie dort auch verankert. Die unter euch, die so wie ich, Aura sichtig sind, werden dann spüren, wie sich die Aura, das Umfeld und auch die ganze Schwingung ändert.

Faszinierend, gell?

Die nächsten beiden Bilder zeigen, wie ihr auf die Steine inmitten von Wasser gehen könnt und so „live" vor Ort Erdheilungs-Energien zu platzieren. Ich habe euch ja schon verschiedene Techniken dazu erklärt.

Ihr seht, wenn ihr mit offenen Augen und einer intuitiven Verbindung durchs Leben geht, dann werdet ihr zu Orten geführt, die einfach prädestiniert für Erdheilungen sind.

Natürlich haben wir hier in Bayern und ganz speziell bei uns im ALL-gäu viele Orte für die Erdheilung. Steine können wunderbare Geschichten erzählen, wenn die Menschen nur lernen wurden, mit dem Herzen zu lauschen...

Das ist aber ein anderes Thema!

Auch begehbare Steinbrücken eignen sich wunderbar dazu!

Kommen wir jetzt zu Sylt! Da ich früher sehr oft da war und auch immer nach interessanten Plätzen suchte, habe ich auch folgende zwei Fotos machen können:

Steinkreise im hohen Norden! Ideal, um Erdheilung dort zu verankern. Selbstverständlich bekommt dadurch auch die

Nordsee diese Erdheilungsenergien ab und da die Nordsee mit dem Atlantik verbunden ist, geht diese Energie der Erdheilung auch dorthin. Na ja, die Weltmeere sind ja miteinander vernetzt und so fließt diese Erdheilungsenergie rund um den Globus, wenn ich es mal so ausdrücken kann.

Ich habe jetzt damit angefangen, aber es geht natürlich viel schneller, wenn ihr auch mitmacht. Wenn von euch jetzt jemand an der Nordsee oder Ostsee wohnt, könnt ihr das natürlich wunderbar unterstützen. Aber logischerweise auch an allen Orten dieser Erde. Vielleicht wohnen einige von euch in anderen Ländern oder ihr macht dort einmal Urlaub.

Ich habe so als Vision, dass alle Kontinente mit den gefährlichen Orten - mit Erdheilungsenergien versorgt werden.

Ob die Vulkane der Erde, der Feuerring, der von Japan beginnend, riesig groß sind oder auch die ganzen Kontinentalplatten, die immer wieder Probleme an ihren Rändern bereiten.

In Deutschland gibt es einen Supervulkan. Wusstet ihr das?

Die sogenannten Mare in der Eifel sind keineswegs erloschen. Der Laacher See beispielsweise wird von uns regelmäßig mit Erdheilungsenergien bestückt.

Ein Großteil von Deutschland ist unterirdisch über Vulkanenergien miteinander verbunden.

Südlich der schwäbischen Alb wird es dann langsam sicher. Interessanterweise hat der Seher Irlmaier ja auch gesehen, dass die sichersten Gebiete in Deutschland das Allgäu (mit angrenzendem Bodenseegebiet) und Oberbayern sind.

Natürlich möchte ich euch keine Angst machen, wenn ihr vielleicht in Regionen wohnt, wo es nicht so sicher ist. Gerade deshalb ist es ja so immens wichtig, Erdheilung zu zelebrieren. Die Vogesen, die Rhön, der Vogelsberg – alles Gebiete mit Vulkanaktivität und vor allem: Alles ist unterirdisch zu einem Supervulkan verbunden.

Vor etwa 5 Jahren kam einmal ein Zweiteiler mit dem Titel „Vulkan" im Fernsehen. Ich schaue ja kaum TV, aber mir wurden diese 180 minütige Zweiteiler im Vorfeld empfohlen und ich habe ihn mir angesehen. Er war sehr realistisch gemacht und das Budget für den Film war bestimmt sehr hoch gewesen.

Damals begann ich nach der Ausstrahlung des Zweiteilers noch intensiver die Erdheilung zu betreiben.

Der Supervulkan im Yellowstone ist auch ein solcher Vulkan. Aber alles ist beseelt auf Erden. Selbstverständlich auch Vulkane. Also kann man auch feinstofflich und geistig mit ihnen reden. Das habe ich natürlich auch getan. Es gibt ja auf Erden so viele Dinge zwischen Himmel und Erde, die die Menschen nicht sehen können. Wer aber in sich geht und sich regelmäßig im Gebet mit GOTTVATER verbindet, wird sein Leben ändern. Die Welt der Naturwesen wird sich den Menschen erst dann eröffnen, wenn sie bereit sind, sich diesen Energien zu erschließen. Das geht aber nur, wenn man sich geistig führen lässt – über das innige Gebet. Ich persönlich habe dadurch schon viele, viele Jahre Kontakt zur Naturwesenwelt und möchte euch jetzt einmal schildern, was die Naturwesen zum Thema Erdheilung zu sagen haben:

Erdheilung zusammen mit den Naturwesen und den Orbs:

Wir haben schon viele Gespräche mit den Naturwesen über dieses explizite Thema geführt und ich werde mal in meinen Worten wiedergeben, was ihnen wichtig ist.

Zuerst einmal freuen sich die Naturwesen sehr, wenn Menschen „aufwachen" und bewusster werden im Umgang mit der Natur und den Ressourcen.

Das heißt aber auch, dass man seinen Fokus ändert bezüglich der Sichtweise aller Dinge. Was man früher als wichtig in der eigenen Denk- und Sichtweise eingestuft hatte, ändert sich dann völlig.

Das bedeutet, dass dadurch auch Energien frei werden (und auch Zeit dafür), um sich wichtigeren Dingen zu widmen, die jetzt in der veränderten Sichtweise im Fokus sind.

Ich habe schon als Kind Kontakt zu den Naturwesen gehabt und in der Pubertät verlor ich es, aber nach der Pubertät kam es dann schlagartig wieder.

Jeder Mensch kommt mit der Veranlagung auf die Welt, Engel und Naturwesen sehen zu können. Aber je älter das Kind wird, desto schneller verliert es diese Fähigkeiten. Aber: Alles was man einmal konnte, kann auch wieder zurückkommen. Das bedeutet: Ihr könnt z.B. das Aura-sehen wieder erlernen und dadurch auch die Naturwesen erspüren oder sogar sehen.

Ebenso viele andere Dinge, die der weltliche Mensch nicht sehen kann und auch nicht sehen will! Das ist der Hauptfaktor meistens, denn er hat Angst davor!

Die Naturwesen zeigen sich oft auch den Menschen auf Fotos oder in Meditationen, ruhigen Spaziergängen usw. Eine weitere Form von Wesenheiten, die man meistens nur auf Fotos sieht, sind die sogenannten Orbs. Sie haben Bewusstsein und sind keine Staubflecken auf Fotos. Ich habe schon hunderte von ihnen fotografiert und hier seht ihr einen Orb, wo man das Gesicht sehen kann.

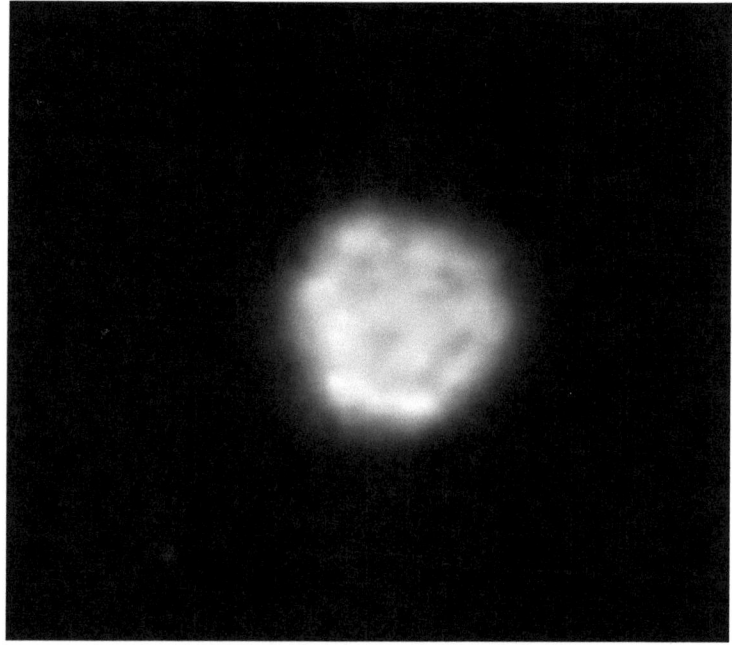

Als nächstes seht ihr ein Bild in unserem Keller, als wir renoviert haben. Schaut mal, wie neugierig die Orbs waren!

Als ich mir am Abend die Fotos der Digicam angesehen hatte, war ich freudig überrascht!

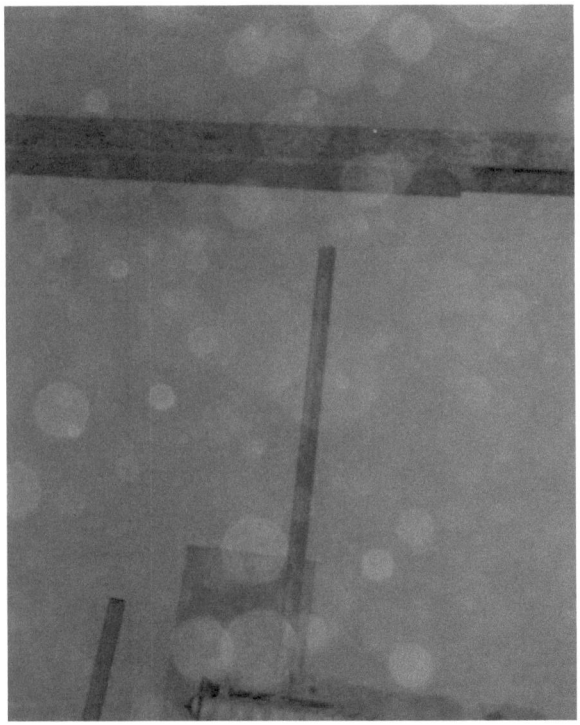

Interessant, gell?

Hier erst einmal ein Orb - ebenfalls in der Vergrößerung - und danach das ganze Foto.

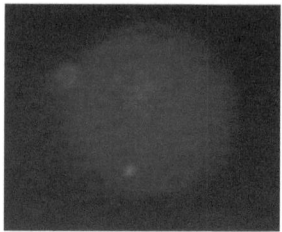

Ich habe es draußen gemacht. Ich muss dazu sagen, dass ich die Orbs gebeten habe, sich zu zeigen.

Ich war dann aber echt positiv überrascht, wie viele der Orbs sich gezeigt haben. Es regnete noch nicht, aber der Himmel hatte sich schon zugezogen.

Interessantes Thema. Ich möchte noch kurz erzählen, wie die Orbs mit den Naturwesen zusammen bei der Erdheilung helfen:

Ich mache es wie folgt: Orbs sind sehr an dem interessiert, was hier auf Erden geschieht und besonders an Menschen, die helfend für die Erde und seine Lebensformen sind.

Ich spreche immer mit den Orbs, wenn ich draußen erdheilungsmäßig arbeite.

Ich kann euch dazu einen Satz sagen, der sich bei mir bzw. uns bewährt hat (wurde durch meine Frau bestätigt, die Orbs in Farbe sehen kann!!!) Mir ist es erst einmal in Farbe geglückt. Meistens sehe ich sie nur in schwarz-weiß. Auf meine Frage, warum es denn so ist, hieß es: „Für deine Aufgaben reicht es zur Zeit vollkommen. Zum Zeitpunkt, wo es erfordert wird, gelingt es auch regelmäßig in Farbe."

Nun, meine Frau hat die Orbs interviewt. Es ist in ihrem Buch erschienen. Ich gebe am Ende den link dazu.

Doch zurück zum Satz:

„Liebe Orbs, ich bitte euch, uns bei der Erdheilung, die wir jetzt betreiben, zu unterstützen. Vielen Dank dafür! JESUS CHRISTUS IST SIEGER ! JESUS CHRISTUS IST SIEGER ! JESUS CHRISTUS IST DER SIEGER !"

So klappt es, liebe Leser!

Jetzt wieder zurück zu den Naturwesen.

Da ich sie sehen kann (auch in Farbe natürlich), frage ich sie oft, was man machen kann, bzw. wo es sinnvoll ist, zu helfen.

So führten sie mich zu Pestfriedhöfen, Galgenhügeln, Straßen, wo schwere Unfälle oder Katastrophen passiert waren und auch zu Schlachtfeldern.

Übrigens habe ich mal nachgefragt, warum es auf Autobahnen an bestimmten Stellen immer wieder zu Unfällen kommt. Die Antwort war sehr interessant: Es gibt Anomalien, die auf Erden auftreten (in verschiedener Art und Weise), Orte, wo Flüche ausgesprochen wurden, Erdstrahlungen, Erdverwerfungen, Wasseradern und schwere Katastrophen.

Wie kann ich jetzt dort vor Ort Erdheilung betreiben, habe ich gefragt? Nun, es ist möglich, vor Ort die erwähnten Symbole dort zu verankern oder aber die Erdheilungsstöcke aus Holz. (Wie gesagt, ich nehme Zahnstocher oder Schaschlik Spieße aus Holz). Als Ergänzung ist es aber absolut wichtig, hier das innige Gebet zu sprechen. Dieses wäre hier hilfreich:

„Geliebter VATER, ich bitte Dich jetzt, hier Erdheilung praktizieren zu dürfen, die hilft, diesen Ort zu reinigen und bitte Dich, alles zu lösen, was diese Störung ausgelöst hat. Danke, Danke, Danke geliebter VATER, nur Dein Wille geschieht jetzt. Denn: JESUS CHRISTUS IST SIEGER ! JESUS CHRISTUS IST SIEGER ! JESUS CHRISTUS IST DER SIEGER ! Amen. Amen. Amen."

So könnt ihr diesen Orten helfen.

Es ist aber auch möglich, es über ein Foto oder mit einer guten Landkarte zu reinigen. Das Gebet ist immer zuerst zu sprechen. Danach könnt ihr z.B. ein rotes Herz mit der Schwingung „JCiS" genau auf die betreffende Stelle legen, wenn die Karte eine hohe Auflösung hat.

Wenn ihr also Erdheilung betreibt, die damit zu tun hat, dass dort noch Flüche, Verwünschungen, Spukerscheinungen und andere Dinge sind, die man **NICHT** alleine machen sollte, da es sehr gefährlich sein kann. Bittet immer vorher im Gebet

GOTTVATER um Hilfe und bittet Michael, euch zu unterstützen. Das ist sehr wichtig!

Jetzt kommen wir zu einfachen Erdheilungsübungen, bei denen euch die Naturwesen unterstützen:

Reinigung der Bäume:

Ihr dürft alle Arten von Bäumen reinigen und ihnen Gutes tun. Ihr erkennt, wenn Bäume z.b. ganz krumm wachsen, dass etwas in ihrem Untergrund nicht in Ordnung ist. Wasseradern, Erdstrahlen, Erdverwerfungen oder unsymmetrische Dinge sind die Hauptgründe dafür. Bäume sind aber sehr, sehr kräftig und wissen sich meistens zu helfen. Doch gegen die zunehmende Luftverschmutzung und Gifte im Regen und dann in der Erde – da brauchen sie Hilfe.

Wie ihr ihnen Hilfe zukommen lassen könnt, beschreibe ich im nächsten Kapitel!

Bäume reinigen bei der Erdheilung:

„Zeigt euch, ihr Orbs, wenn ihr da seid," sagte ich, als ich im Dunklen am Waldrand stand. Dann machte ich zwei Fotos. Ihr seht sie auch auf den Bildern. Dort schickte ich die Schwingung „JCiS" in den Wald und verankerte die Erdheilung.

Dann kam noch kurz dieses hier zum Vorschein

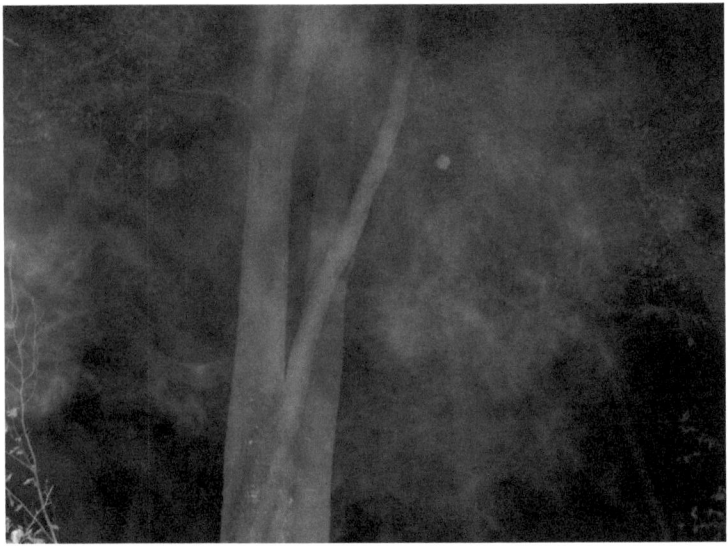

Was war das? Nun, Angst (oder Gänsehaut) hatte ich keine. Wie gesagt, es geschah sofort nach den Fotos auf der vorigen Seite und meiner Erdheilung. Interessant, gell?

Ich hatte dann die Naturwesen gefragt, ob sie auch dieses gesehen hatten und mein Freund Hutzlibub, ein Wichtelmann, der bei uns wohnt, sagte mir telepathisch: „Johannes, es wurde gerade altes und blockierendes aufgelöst."

Ich freute mich. In nächster Zeit waren wir unterwegs und ich fragte die Naturwesen, wie man am besten den Bäumen helfen kann.

Ein Zwerg, der vor Ort anwesend war, führte mich zu diesem Baum und seinen Wurzeln:

Ich fragte, was ich denn tun sollte und er sagte: „Schau dir die Wurzeln an. Sie sind freiliegend, obwohl sie in der Erde sein sollten."

Ich bejahte es.

Dann sagte er: „Hülle sie und die beiden Bäume ein und sende ihnen Erdheilung."

Ich steckte zwei der mit der Schwingung „JCiS" aufgeladenen Schaschlik Spieße dort in die Erde und beide sandten mir sofort einen großen Dank Ich berührte die beiden Bäume dann und es kribbelte und durchzuckte mich auf angenehmste Weise.

Also, liebe Leser: Achtet auf Bäume, die alleine oder in Gruppen stehen und wie es ihnen geht. Wachsen sie kräftig und üppig oder verkrüppelt, unförmig oder ragen ihre Wurzeln hinaus?

Bei Bäumen empfiehlt es sich die Holzstäbe zu nehmen für die Erdheilung. Selbstverständlich ist auch eins der genannten Symbole in den Baum gelegt, möglich.

Kommen wir zum Winter:

Dieses wundervolle Exemplar einer Douglas-Tanne mit Schnee bestückt bekam von mir Erdheilungsenergie.

Ich bat Hutzlibub zu übersetzen bzw. dolmetschen, was der Baum denn sagte. Das Ergebnis war überraschend und wundervoll!

„Vielen Dank, Johannes. Ich bin dir sehr dankbar und möchte dir mitteilen, dass die Reinigung mir sehr gut getan hat und ich jetzt als eine Art Leuchtturm, die Erdheilung, die du durch den Stab nahe meiner Wurzel in die Erde gesteckt hast, weitergeben werde in die Atmosphäre."

Da war ich aber platt, dass könnt ihr euch sicher vorstellen!

Ab dem Zeitpunkt wusste ich, dass gesunde Bäume als Antennen für die Erdheilung fungierten, wenn man sie darum bat.

Ich erfragte dann bei den Naturwesen, wie es denn mit Fotos sei.

Die Antwort war sehr aufschlussreich, liebe Leser!

Hutzlibub sagte: „Jedes Bild, dass ihr persönlich fotografiert habt, ist schon mit der Erinnerung und Frequenz dort vor Ort verbunden. Also dürft ihr auch im Nachhinein über das Foto dort Erdheilung vollziehen. Bei anderen Bildern oder Gemälden braucht ihr die Zustimmung vom VATER – oder von derjenigen Person, die das Foto gemacht hat."

Aha, dachte ich mir. Die Fotos, welche mir eine Freundin aus dem Kriegsgebiet in Kroatien / Serbien schickte, kann ich so zur Erdheilung nehmen, da sie mich ja explizit darum bat!

Oftmals gibt es Gemälde oder Zeichnungen von Schlachten. Bittet einfach den VATER im Gebet darum, dass dort vor Ort Erdheilung und Reinigung geschieht und dass euch Ur-Erzengel Michael hilft.

Wunderbar, gell? Es ist so einfach, wenn man weiß, wie es geht.

Dieses Bild hatte ich vor ein paar Jahren aufgenommen. Jetzt, beim durchschauen meiner Fotos für dieses Buch, fand ich es wieder.

Also hab ich mich auf das Bild konzentriert und meinen Orgonstrahler darüber gehalten und gesagt: „Ich segne und reinige dich in VATERS Namen und sende dir jetzt Erdheilungsenergien, die du benötigst. JESUS CHRISTUS IST SIEGER! JESUS CHRISTUS IST SIEGER! JESUS CHRISTUS IST SIEGER! Amen. Amen. Amen."

Schon geschah es. Wenn ihr keinen Orgonstrahler habt, könnt ihr es auch mit dem Ypsilon Symbol beispielsweise tun, es dauert dann nur länger. (Etwa 10 Minuten sollte das Symbol auf dem Bild liegen).

Schaut euch dieses wundervolle Etwas an. Es ist kein Baum, sondern eine Art Bambus Gewächs was sehr opulent und mächtig wächst. Die Höhe ist etwa 3 Meter. Es strahlt schon ohne Information wundervolle Energien aus. Ich habe es dann noch mit der Schwingung „JCiS" vor Ort natürlich bestückt und kurz darauf, wurden Chemtrail Verwehungen, die durch den Wind auch über das Grundstück kamen, aufgelöst. Die Bäume, Pflanzen, Sträucher und Gewächse arbeiten einerseits mit den Naturwesen zusammen und andererseits auch mit den Sylphen, den Luftengeln, die mithelfen, den Himmel von Chemtrails und Haarp Wolken zu reinigen und zu befreien.

Dieses Bild ist das letzte in diesem Kapitel. Es zeigt, wie ihr an solchen Orten wundervoll und einfach Erdheilung betreiben könnt. Ihr bestückt den Baum mit einem Schaschlik-Spieß und der Baum, dessen Zweige bis ins Wasser hängen, gibt es an das Wasser und an alle Tiere dort weiter.

Wundervolle Idee, wie ich finde – diese Symbiose!

Rohre für die Erdheilung:

Ja, jetzt kommt mein Lieblingsthema dran. Die Rohre!

Ich hab schon als kleiner Bub gemerkt, dass Rohre eine andere Schwingung haben, als alles andere.

Wie kam ich darauf? Nun, es ist ja so, dass Buben (zumindest ich war es und viele von denen, die ich kenne) von Natur aus neugierig sind.

Ich nahm einmal ein Kunststoffrohr aus dem Baumarkt und versuchte ihm, Töne zu entlocken. Damals klappte das nur sehr halbherzig (heutzutage entlocke ich meinen beiden Didgeridoos doch ganz hörbare Töne)

Hier das gekaufte. Es wollte unbedingt zu mir, ist aus Bambus und war recht preiswert...

Ich möchte noch einmal auf den Essig zurückkommen:

Ich habe mir einen Vinegarbuster gebaut:

Vinegar heißt Essig auf Englisch (nur zur Information für alle die, welche der englischen Sprache nicht ganz so mächtig sind).

Nun, ich hatte folgende Eingebung:

Ich besorgte mir einen Blumentopf (ich hab einen aus Kunststoff gewählt, da er leichter ist und nicht beim Windstoß kaputt gehen kann.) Dann besorgte ich mir aus dem 1 Euro Laden so eine Zahnbürsten Halterung mit Gummipfropfen. Ich benötige aber nur die Halterung. Sie ist unten zu und dort kann der Essig eingefüllt werden. Zum Auffüllen des Blumentopfes könnt ihr Quarzsand, Zeolith, Bentonit oder auch Lehmputz (Pulver) benutzen. Zusätzlich habe ich noch Steine auf den Quarzsand gelegt. Dann braucht ihr noch ein Rohr (ich hab welche geschenkt bekommen). Länge von 1 Meter wäre ideal. Es muss aber über das Röhrchen passen, in dem der Essig ist. Jetzt braucht ihr nur noch einen Spieß (der aufgeladen ist) oder ein eingeschweißtes Erdheilungspad in den Topf mit hinein tun. Jetzt einen Ort suchen, an dem der Vinegarbuster arbeiten kann. Es wäre gut, wenn er so steht, dass von oben kein Regen hineinkommt. Der Essig strömt durch das Rohr und hilft so Chemtrails aufzulösen, während das Rohr und auch der Rest Erdheilung betreibt. Praktisch, gell?

So sieht das Ganze aus: Das Rohr wird dann nur noch darübergestülpt. Siehe nächstes Bild.

Hier seht ihr absichtlich von mir sehr primitiv hergestellte Erdheilungsrohre, damit ihr seht, wie einfach es geht. Das linke Bild zeigt ein rostiges Rohr gen Himmel gestellt, nur mit dem ersten Erdheilungspad versehen. Das zweite Bild zeigt, fünf Kunststoffrohre aneinander gereiht und auch mit den Pads versehen. Beide betreiben Erdheilung. Einfach, gell?

Jetzt kommen wir aber zu den langersehnten Erdheilungs Hilfsmitteln:

Hilfsmittel für die Erdheilung:

Liebe Leser, jetzt kommen im Schlusskapitel die schon angekündigten Bilder, die ihr für bestimmte Dinge der Erdheilung benötigt:

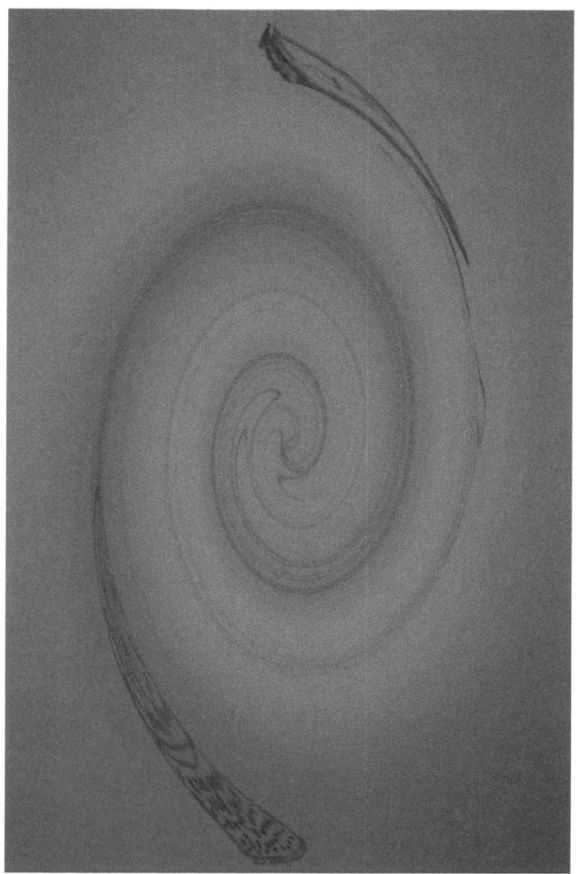

Dieses Erdheilungsbild ist so angelegt, dass ihr alles darauf legen könnt, was ihr für die Erdheilung benutzen möchtet.

Das heißt, ihr könnt die Schaschlik Spieße, Zahnstocher oder Metall Spieße nehmen.

Hier hab ich mal in der Herz-Backform aufgelistet, was ich so benutze:

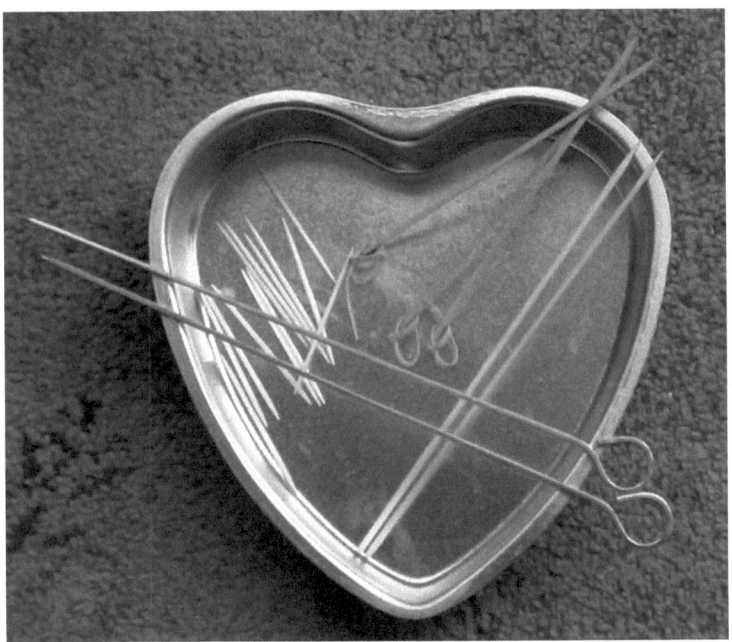

Ihr seht dort die vier verschiedenen Arten: Zahnstocher (gibt es günstig in Plastikdosen zu je 100 Stück), die könnt ihr mit Gefäß einfach auf das Erdheilungspad stellen und aufladen lassen, da das Bild ja schon mit der Schwingung: „Erdheilung geschieht jetzt, wo es erlaubt ist." Und als Schutz steht: „JESUS CHRISTUS IST SIEGER!" drüber.

Die Metall Spieße sind auch ursprünglich wohl für Schaschlik gedacht. Ich habe sie sehr günstig im 1 Euro Laden bekommen. Ich benutze sie nur dort, wo ich wiedererkennen möchte, dass ein Stab in der Erde ist. Eine weitere Möglichkeit, Metall Spieße zu benutzen ist, wenn ich unterwegs bin. Um Erdheilung so zu betreiben, muss ich sie mindestens 10 Minuten in der Erde lassen – fertig! Das ist auch eine Möglichkeit, die ihr benutzen könnt!

Außerdem könnt ihr die Holz Schaschlik Spieße auch halbieren, wenn sie zu lang sind, um sie in die Erde zu stecken, kein Problem!

Hier seht ihr jetzt mein zweites Erdheilungspad:

Es unterstützt die Erdheilung, kann aber auch zur Wasserenergetisierung verwendet werden. Ein „Multitool"...

VIEL FREUDE BEI DER ERDHEILUNG wünscht euch Johannes

Alle Fotos im Buch :Johannes Allgäuer

Eine Auswahl weiterer Bücher von Johannes Allgäuer:

„HEILUNG FÜR MUTTER ERDE: mit Hilfe von Elfen, Feen und Zwergen"

ISBN: 978-3-8391-5124-4 / 100 Seiten / 9,90 Euro

„Wunderschöne Geschichten von Elfen, Feen und Zwergen - dass etwas andere spirituelle (Kinder)buch"

ISBN: 978-3-8391-1750-7 / 124 Seiten / 12,80 Euro

„Kochen mit Elfen, Feen und Zwergen -vegetarisch und vegan- garniert mit Botschaften, Gedichten und Geschichten aus der Welt der Naturwesen"

ISBN: 978-3-8391-0619-8 / 144 Seiten / 14,90 Euro

„Die abenteuerliche Reise durch Raum und Zeit - zur Heilung und Rettung von Mutter Erde"

ISBN: 978-3-8370-1413-6 / 184 Seiten / 13 Euro

„Das spirituelle Survival Buch für den Alltag: bis 2012 und darüber hinaus"

ISBN: 978-3-8391-6670-5 / 120 Seiten / 12,80 Euro

„ELFENFLUG: wundervolle Geschichten von Elfen, Feen, Zwergen und anderen Naturwesen"

ISBN: 978-3-8423-3191-6 / 96 Seiten / 9,90 Euro

„Ganzheitliche Umwandlung von Mutter Erde"

ISBN: 978-3-8423-4146-3 / 148 Seiten / 14,90 Euro

„Herzens-Energie" - Spiritueller Ratgeber für mehr Lebenskraft

ISBN: 978-3-8423-5938-3 / 144 Seiten / 14,90 Euro

„Die Abenteuer von HUTZLIBUB dem Wichtelmann"

ISBN: 978-3-8423-6866-8 / 92 Seiten / 9,90 Euro

„Tipps und Anwendungsmöglichkeiten für den Orgonstrahler"

ISBN: 978-3-8423-4153-1 / 100 Seiten / 9,90 Euro

„Überleben im Chaos wenn die Börse crasht"

ISBN: 978-3-7347-6117-1 / 124 Seiten / 12 Euro

„SURVIVAL IST ALLES !
Wenn aus Urlaub pures Überleben wird"

ISBN: 978-3-7347-6119-5 / 120 Seiten / 12 Euro

Und das Buch von Johannes Frau:

FLORA BELLA: „MEINE FREUNDE DIE ENGEL, NATURWESEN UND ORBS"

ISBN:978-3-8391-1110-9 / 120 Seiten / 12,80 Euro